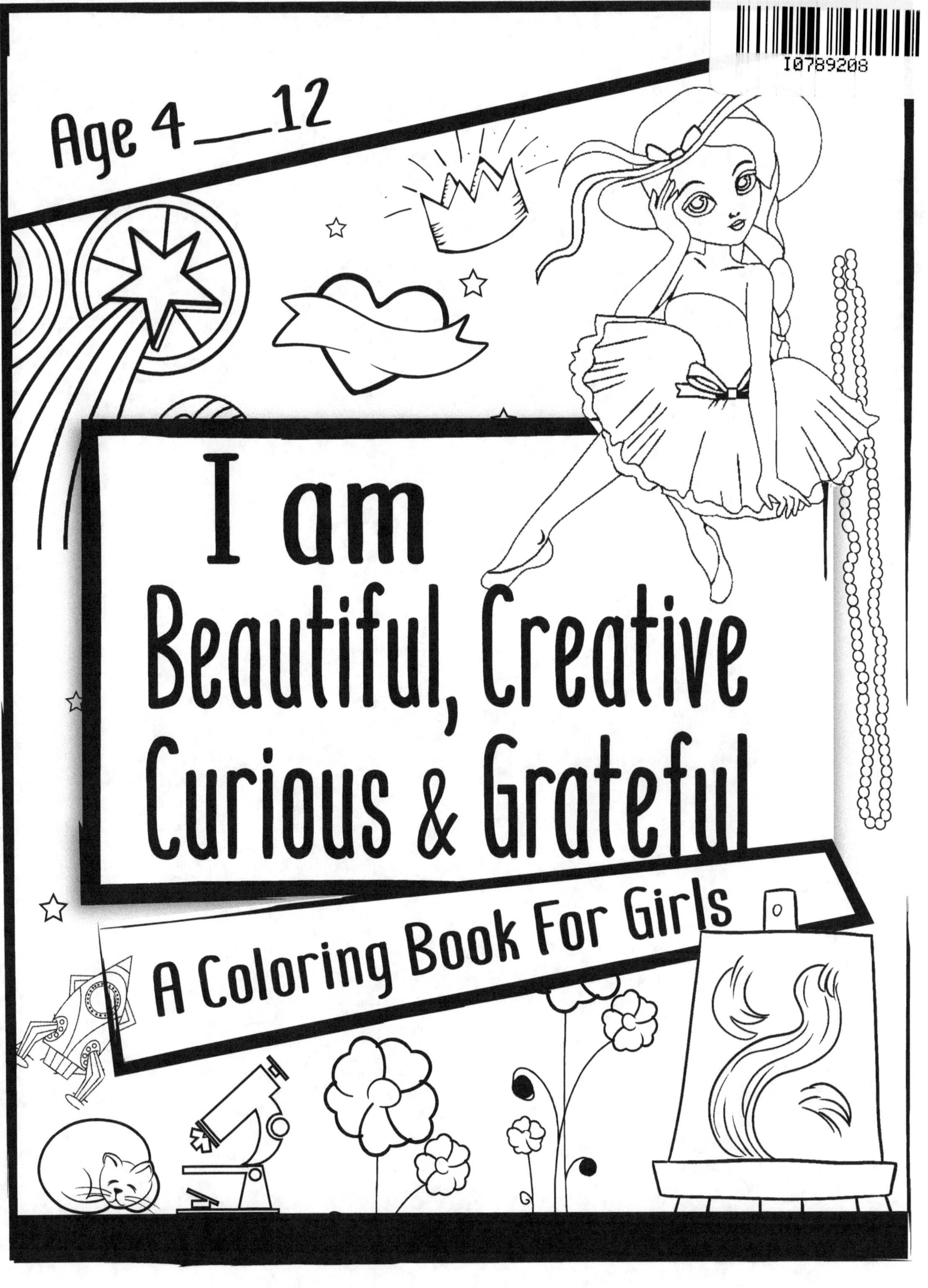

Age 4___12
I am
Beautiful, Creative
Curious & Grateful
A Coloring Book For Girls
I0789208

This book belong to

I am Beautiful

I am
Beautiful

I am
Creative

I am
Creative

I am
Curious

I am
Curious

I am
Happy

I am
Happy

I am
Strong

I am
Strong

Thank You
I am Grateful
my family

I am
Grateful

I am
Brave

I am
Brave

I am
Inventive

I am
Inventive

I am
Smart

I am
Smart